NOTICE

SUR

LE MARÉCHAL MORTIER,

DUC DE TRÉVISE,

Mort Assassiné près du Roi,

Le 28 Juillet 1835;

SUIVIE

du Programme de l'Inauguration, le 16 Septembre 1838.

CAMBRAI,

Imprimerie de LESNE-DALOIN et FILS, Lib.

————

1838.

GARDE NATIONALE.

LÉGION CANTONALE

DU CATEAU.

Ordre du 16 Juillet 1838.

Gardes Nationaux, une solennité qui doit éveiller toutes vos sympathies se prépare. Dans quelques semaines aura lieu l'inauguration de la statue érigée à la mémoire du MARÉCHAL MORTIER, DUC DE TRÉVISE; ce vieux guerrier, qui, né parmi nous, sorti du peuple, est parvenu par sa vaillance et son patriotisme aux plus hautes dignités. La France entière pleure encore sa fin déplorable, et nous, ses concitoyens, nous lui élevons un monument. Honneur aux peuples qui ne sont point ingrats, qui n'oublient pas les services rendus à la patrie : les grands hommes ne leur manquent jamais.

L'auréole de gloire qui environne le nom de MORTIER, reflète aussi ses brillans rayons sur ses vieux compagnons de guerre, sur les débris de notre vieille armée, ces jalons de la victoire. Gardes Nationaux, nous voudrons tous assister à l'importante cérémonie qui se prépare; nous voudrons recevoir dignement ces nombreuses députations de l'armée, et nos frères-d'armes des villes voisines.

Préparez-donc vos armes, complétez votre tenue, montrez-vous ce que vous étiez il y a huit ans, et l'on citera encore notre belle Légion.

Un nouvel ordre du jour vous fera connaître l'époque fixée pour la cérémonie.

Par ordre,

Le Commandant du 1er Bataillon,

COUSIN.

Ordre du 7 Septembre.

Vu l'arrêté de M. le Préfet du Nord, en date du 27 Août dernier, qui fixe au seize de ce mois, l'inauguration de la statue du Maréchal MORTIER, Duc de Trévise.

Conformément au programme de la cérémonie, la Légion cantonale prendra les armes le 16 courant; les divers bataillons se réuniront place de la Halle, à neuf heures et demie précises du matin, en grande tenue d'été, et attendront les ordres de M. le Préfet, pour prendre les postes qui leur seront assignés.

J'ai l'espoir fondé que tous les Gardes Nationaux voudront assister à cette inauguration, pour recevoir dignement les députations de nos frères-d'armes des villes voisines, et que leur tenue méritera encore des éloges des autorités supérieures qui doivent présider à cette importante cérémonie.

Par ordre,

Le Commandant du 1er Bataillon,

COUSIN.

MORTIER

(EDOUARD - ADOLPHE - CASIMIR - JOSEPH),
né au Cateau-Cambresis, le 13 février 1768 ;

A la première fédération du 14 juillet, il prête serment de consacrer son bras à la défense de son pays.

Sorti des rangs des fusiliers de la garde nationale du Cateau, il part comme simple volontaire, en avril 1791 ;

Elu capitaine à Cambrai par ses compatriotes, il débute à Quiévrain, où son cheval est tué; il se trouve à Jemmapes, puis à Neervinde et à Hondschoote, où il reçoit un nouveau grade sur le champ de bataille.

Adjudant-général à Wattignies, la mitraille vient l'y frapper, alors qu'il rentrait pour la troisième fois dans le village de Dourlens; il assiste aux combats de Mons, de Bruxelles, de Louvain, et il figure avec honneur aux deux batailles de Fleurus; il concourt, en 1794, à la prise de Maestricht; il force le passage de Neuwied, en combattant sous Marceau, qui bientôt devait mourir au même lieu.

En 1796, il commande les avant-postes de

l'avant-garde de l'armée de Sambre-et-Meuse ;
il se signale au combat d'Altenkirken et à la
bataille de Friedberg ; il traverse la Nidda, et, à
la tête d'une colonne, aide puissamment à fran-
chir la Reduitz et à vaincre à Hirschaid.

Kléber, en rendant compte de ce dernier
combat, s'écriait : « Avec de pareils chefs, un
général se dispense de compter le nombre des
ennemis. »

Sous le Grand Capitaine, devenu son ami,
Mortier s'était mis en possession de Francfort ;
sous le général Hatry, il traite de la restitution
de Mayence, cette belle conquête de Custines,
qu'avait recouvrée le duc de Brunswick ; et, at-
tendu l'importance de cette forteresse, il en
apporte les clefs aux premiers magistrats de la
République ; le grade de général de brigade lui
est solennellement offert : loin de l'accepter, il
ne demande pour prix de ses travaux passés que
le commandement du 23ᵉ régiment de grosse
cavalerie ; il se trouve heureux et fier de l'ob-
tenir.

En 1799, il accepte enfin ce qu'il avait refusé.
La paix de *Campo-Formio* n'avait été qu'une
trève ; le démon de la guerre s'était réveillé plus
terrible que jamais ; déjà les Russes nous arra-
chaient la conquête de l'Italie, et ce n'était qu'à
un général que le commandement des avant-
postes de l'avant-garde de l'armée du Danube

pouvait être dévolu. L'admirable modestie du colonel céda, dans cette circonstance, à l'amour de la patrie.

Le loyal Jourdan a fait connaître, dans des mémoires publiés, sous le Consulat, de quelle manière le seconda son digne lieutenant à la bataille si acharnée de Leptingen.

Après plusieurs combats, livrés en avant d'Offembourg, Mortier, appelé par Masséna, passe à l'armée d'Helvétie.

Son triomphe à Wollichoffen, où combattent les seules troupes sous ses ordres, n'est que le prélude de faits d'armes encore plus éclatans. A Zurick, où la France fut préservée d'une effroyable invasion, il marche si bien sur les traces de l'*Enfant chéri de la victoire*, qu'avant de quitter le champ de bataille, il s'entend proclamer Général de division.

Un mois ne sera pas écoulé, que ce grade lui aura été confirmé par le Directoire et par le Premier Consul; le brevet signé de Napoléon Bonaparte est du 22 brumaire; c'est donc le premier général de division qui fut créé par le héros des temps modernes.

Tandis que les rênes de l'Etat changeaient si heureusement de mains, on livrait, dans le Muttathal, le dernier combat que soutint Suwarow, et ce fut devant Masséna et Mortier que le vainqueur d'Ismaël et de la Trébia recula pour la première fois, et disparut dès lors pour toujours des champs de la guerre ; un an après il n'existait plus.

Durant la campagne de Marengo, et ne pouvant disposer que d'un petit nombre de recrues, le général Mortier commande les 15ᵉ et 16ᵉ divisions militaires ; il y maintient, au sortir des orages de la révolution, l'ordre si difficilement recouvré. Le Premier Consul lui écrivait de ses tentes victorieuses : « *Je suis tranquille sur Paris, vous êtes là.* »

En 1803, Général en chef, il se dirige vers le Hanovre, s'empare d'un royaume et de trésors alors bien nécessaires : la belle armée que soldait l'Angleterre, quoique plus nombreuse que la sienne, défile devant lui tout entière, dépose les armes ; il reste quelque temps gouverneur du pays ; il s'y fait bénir, et le peuple hanovrien s'étonne de se trouver heureux sous la domination étrangère.

L'un des quatre Commandans de la garde et plus tard l'un des Colonels-Généraux, Chef de la 2ᵉ cohorte de la Légion-d'Honneur, grand'croix, Maréchal d'Empire, enfin revêtu de la dignité de Duc.

Le 14 novembre 1805, 4,000 hommes lui suffisent pour vaincre Kutusow et plus de 30,000 Russes qui l'entouraient ; c'était à Diernstein, naguère obscur village, qu'un grand fait-d'armes a immortalisé. Il refuse le monument que ses compatriotes voulaient lui élever, pour consacrer ce souvenir ; il les en remercie et leur témoigne toute sa reconnaissance, en apprenant la démarche que le corps municipal du Cateau a faite auprès de son vénérable père.

En 1807, le Maréchal Mortier remporte à Anclam, sur les Suédois, une victoire rapide et complète ; il dicte un armistice qui paralise le mauvais vouloir du souverain, et condamne ses soldats à un repos absolu ; il a pu rendre ainsi au corps du Maréchal Lefebvre toute liberté d'action pour prendre Dantzick ; ayant rejoint la grande armée, il se trouve à Friedland, où il combat toute la journée ; il a un cheval tué sous lui et reçoit sur le champ de bataille les éloges de l'Empereur.

En 1808, il coopère puissamment à la prise de Saragosse, et il refuse, comme il l'avait fait en Hanovre et à Hambourg, les riches présens que lui offraient les vaincus.

En 1809, il culbute les Espagnols au pont de l'Arzobisso, leur fait beaucoup de prisonniers et s'empare de leur artillerie.

Le 19 novembre, époque presque anniversaire du combat de Diernstein, le Maréchal Mortier, commandant en chef les 4ᵉ et 5ᵉ corps, qui formaient à peine 24,000 combattans, défait à Ocana une armée de 55,000 hommes, la plus forte, la plus belle que de notre tems l'Espagne ait réunie ; 6,000 ennemis tués, 25,000 prisonniers, 5o pièces de canons, 3o drapeaux, sont le prix de ses habiles combinaisons et de la bravoure française ; il reçoit une blessure au bras, dans cette immortelle journée.

En 181o et 1811, Gouverneur de la Haute-Espagne, il disperse et anéantit un grand nombre de partis insurgés et fait capituler les places d'Olivenze, de Badajoz et de Campo-Mayor, qui ne se rendent qu'au moment où l'assaut va être donné ; il triomphe de nouveau, à la Gébera, des Espagnols et des Portugais réunis.

En 1812, on le trouve le dernier à Moscou, à la Bérésina, et dans les plus mauvais jours de cette trop fameuse retraite, tandis qu'on le voit des premiers à Lutzen, où son cheval tombe percé par la mitraille, à Bautzen, à Dresde, à Wachau, à Leipsick, à Hanau, à Bar-sur-Aube, à Montmirail, à Château-Thierry, à Craòn.

Le maréchal Mortier avait été gouverneur du Hanovre, de la Silésie, de Vienne, de la Haute-Espagne et de Moscou ; à la Restauration, il devint Gouverneur de la 16ᵉ division militaire à Lille, et plus tard de la 15ᵉ à Rouen.

En 1815, il voit s'éloigner de la France, pour la seconde fois, le Duc d'Orléans qui lui adresse ses adieux, dont le peuple a si bien gardé la mémoire ; il accompagne jusqu'à la frontière Louis XVIII, qui s'était confié à sa garde.

Il inspecte toutes les places fortes de la ligne du Nord ;

Il refuse de juger le maréchal Ney.

Après l'ordonnance du 5 septembre 1816, le département du Nord lui confère le titre de Député, en compensation de celui qu'il avait perdu ; il est appelé à la Chambre des pairs en 1818.

Devenu l'objet des défiances de la Cour, il s'était réfugié dans la direction des travaux agricoles, et plus d'une fois il avait projeté d'aller finir sa carrière à Boursies, près du lieu même de son berceau ; quand les fameuses ordonnances parurent, il se disposait à quitter la France, pour se rendre aux Etats-Unis, mais bientôt le triomphe des lois sur le despotisme le retint sur le sol de la patrie ; le Ministère des affaires étrangères lui fut offert, à la Révolution de Juillet ; il le refusa, pensant qu'il appartenait plutôt à Jourdan, au vainqueur de Fleurus, de notifier à l'Europe la glorieuse reparition du drapeau tricolore.

Si lors des troubles de Lyon, il arrive à Strasbourg, revêtu de pouvoirs extraordinaires, s'il se rend en Russie en qualité d'Ambassadeur, si, déjà Grand Chancelier de la Légion-d'Honneur, il est momentanément chargé de la Présidence du conseil et du ministère de la guerre, personne n'ignore qu'à chaque acceptation, il y eut de sa part un nouveau sacrifice fait à l'Etat et au Prince ;

on eut dit que la Providence le préparait ainsi d'épreuve en épreuve pour arriver à celle qui devait couronner une vie toute de dévoûment.

Au milieu des fêtes données à Paris, le 28 juillet 1835, il tombe victime du plus horrible attentat. Son bras ne se levera plus pour défendre sa patrie et tenir le serment qu'il lui a fait, il y a 45 ans, à la première fédération du 14 juillet.

On sait quelles furent ses funérailles ; toute la France le pleurait, l'Europe entière et surtout les provinces étrangères qu'il avait passagèrement gouvernées, se sont associées aux regrets nationaux.

Sa statue, en marbre, est élevée dans la cour d'honneur de Versailles, par son illustre compagnon d'armes à Jemmapes ; une autre en bronze est sortie de l'atelier d'un compatriote. elle est due à M. Théophile Bra, et c'est celle dont nous célébrons l'inauguration, aujourd'hui 16 Septembre 1838.

HIPPOLYTE BIS,

Secrétaire de la Réunion du Nord, à Paris.

VERS

SUR L'INAUGURATION DE LA STATUE

DU

MARÉCHAL MORTIER,

AU CATEAU.

Monument glorieux d'un citoyen, d'un brave,
Que l'admiration des peuples et des rois,
En ce jour solennel éclatant sans entrave,
Elève à ses vertus, élève à ses exploits,
Reçois de nos respects un légitime hommage !
Emblême audacieux de l'immortalité,
Qui du nom des héros doit être le partage,
Ce bronze à nos regards reproduit son image ;
Ce bronze va redire à la postérité
De l'illustre Mortier, les talens, le courage.

Hélas ! il méritait que d'un autre destin
L'arrêt plus équitable eût terminé sa vie,
Et tombant sous l'effort d'une épée ennemie,

Qu'il échappât aux coups d'un infâme assassin !

Aujourd'hui de retour aux lieux qui l'ont vu naître ,
Il plane sur ces murs dont il était l'orgueil ;
A ces concerts pieux , à l'éclat du salpêtre
Qui tonne et retentit, il est ému peut-être ,
Et, fier, il nous sait gré d'un si touchant accueil.
Son œil content sourit à cette noble fête.
Il dit encor qu'un jour, sous des cieux incertains,
Si, comme en d'autres tems, quelques revers lointains
Sur nos bords dévastés ramenaient la tempête
Et couvraient de soldats le sol ensanglanté,
Avant que sous leurs pas réduisant tout en cendre ,
Avant qu'à la patrie ils eussent insulté ,
On verrait tous nos bras levés pour la défendre !

PROGRAMME

De l'INAUGURATION, en la ville du Cateau-Cambresis, de la statue colossale en bronze de M. le maréchal MORTIER, duc de Trévise.

Le 15 septembre 1838, à six heures du soir, une salve d'artillerie annoncera la cérémonie du lendemain.

Cette salve sera répétée le 16, à six heures du matin.

A neuf heures et demie, le rappel sera battu dans tous les quartiers de la ville. Toutes les gardes nationales et les troupes de ligne présentes dans la place, prendront les postes qui leur seront assignés, soit pour former le cortége, soit pour border ta haie, soit pour environner le monument.

Le départ du cortége du lieu indiqué sera annoncé par une nouvelle salve d'artillerie et la sonnerie de toutes les cloches.

Toutes les maisons seront pavoisées du drapeau national.

Des couronnes et des guirlandes de laurier, de fleurs et de feuilles de chêne, orneront la maison natale de l'illustre maréchal. Au milieu on lira l'inscription suivante : *Ici, le 13 février 1768, est né* EDOUARD MORTIER, *porté par ses mérites militaires à la dignité de maréchal de France, mort assassiné près du Roi, le 28 Juillet 1835.*

Les autorités et leur cortége, arrivés sur le terrain où la statue est érigée, prendront leurs places. M. le maire, MM. les adjoints et M. le juge-de-paix du Cateau, se tiendront près de la statue, et au signal qui en sera donné, feront tomber le voile qui la couvre.

Au même instant les tambours battront aux champs, les drapeaux salueront, les salves seront réitérées, les cloches sonneront à grande volée.

Le cortége, pendant ce temps, fera le tour du monument et reviendra prendre sa place.

Un roulement de tous les tambours avertira de garder silence pendant le discours de M. le préfet et ceux qui pourraient suivre.

Immédiatement après, une symphonie sera exécutée par les musiques militaires qui seront désignées.

Pendant la symphonie, M. le préfet, accompagné cemme il est dit ci-dessus et de M. l'architecte *De Baralle*, placera, dans les fondations du monument, les médailles et le procès-verbal qui attesteront aux tems les plus reculés l'époque et les motifs de l'érection de la statue.

Une table sera disposée sur la place même pour que le procès-verbal y reçoive les signatures qui doivent le revêtir. Ce même procès-verbal sera transcrit à sa date sur les registres de la mairie de la ville du Cateau ; ampliation en sera conservée dans les archives du département.

Des estrades à droite et à gauche du monument seront construites pour y recevoir les autorités, les membres de la famille du maréchal et de la commission instituée par notre arrêté en date du 15 novembre 1835.

Les autorités se retireront, et, en passant devant le monument, le salueront. Les troupes ensuite défileront en faisant le tour de la statue, l'arme haute. Les officiers salueront de l'épée et les drapeaux s'inclineront devant elle. Une dernière salve annoncera que la cérémonie est terminée. Il y aura le soir illumination générale.

Une médaille sera frappée à l'effigie du maréchal pour la perpétuation du souvenir de cette journée.

Donné à Lille, le 27 août 1838.

Le conseiller-d'état, préfet du Nord, BARON MÉCHIN.